JN457986

초등 교과서에 나오는

우리 문화

미술 놀이

바오·마리 글 허예진 그림

미세기

명절·놀이

예술·건축

생활·문화

과학·기술

미술 놀이로 만나는 우리 문화 이야기

여러분은 '문화유산' 하면 무엇이 떠오르나요? 멋진 성곽을 두른 숭례문, 꽃병처럼 예쁜 첨성대, 화려한 신라 금관……. 가까이에서 직접 만날 수 있는 문화유산도 있지만 박물관에 가거나 책 속에서만 볼 수 있는 문화유산도 많아요. 아이들과 이야기해 보면 우리의 문화유산과 전통을 조금은 어렵고 낯설게 여긴다는 것을 알 수 있어요. 훗날에 우리 문화를 책이나 박물관에서만 만날 수 있다면 참 안타까운 일이겠지요. 온고지신의 뜻은 옛것을 익히고 그것을 미루어 새것을 안다는 것이에요. 점차 사라져 가는 우리 문화를 자주 접하도록 노력해야 잊지 않을 수 있어요.

흔히 '늘 가까이 있는 것들은 그 소중함을 모른다.'고 하지요. 요즘 아이들에게 우리나라의 전통 가옥인 기와집은 여행지에서 만나는 신기한 볼거리이지요. 하지만 외국에서는 수백 년 전에 지어진 집들과 골목에서 자연스럽게 살아가는 사람들의 모습을 볼 수 있어요. 또 잘 살펴보면 우리 주변에도 과거의 것들이 그저 '불편한 것'이 아니라 오랫동안 함께 지내온 친구처럼 생활 속에 스며들어 있는 것을 알 수 있어요.

아름다운 우리의 전통문화를 지켜 나가려면 먼저 제대로 알아야 해요. 하지만 아이들에게는 낯설고 어려울 수 있는 내용이라 학습보다는 즐거운 미술 놀이로 만나고 익히는 것이 효과적이랍니다. 아이들이 태어나 말을 배우는 것과 함께 그림을 그리는 것은 가장 친근하고 자연스런 표현 방법입니다. 미술은 배우지 않아도 누가 말하지 않아도 아이 자신의 생각을 드러내는 본능

적 표현 방법이에요. 이러한 미술적 표현을 통해 아이들은 자기의 생각을 말하고 스트레스를 해소하며 자기만의 이야기를 펼쳐 가지요. 아이들은 정보를 자신이 받아들일 수 있는 단계로 쉽게 순화시켜 받아들인답니다. 그래서 사실적인 글이나 사진보다는 그림으로 접하는 것을 훨씬 수월하게 여기지요. 더구나 색칠하기와 만들기, 스티커 붙이기 활동은 즐거움과 함께 소근육의 발달을 도와주지요. 이러한 미술 활동은 아이들이 보다 더 친근하게 우리 문화에 다가설 수 있도록 이끌어 준답니다.

이 책에서는 즐거운 전통 놀이, 반가운 명절, 맛난 음식 등 어렵게 공부해야 하는 딱딱한 전통문화가 아닌 생활 속에 숨어 있는 전통문화를 만나볼 수 있답니다. 미술 놀이를 통해 접한 우리 문화를 여행이나 책을 통해서 다시 접한다면 매우 반가울 거예요. 아이들이 편하게 다가갈 수 있는 주제들을 모아 갈무리하였고 그림 또한 옛 정취를 가득 담아 표현하였습니다. 부모님들에게는 익숙하고 반가운 것들이 요즘 아이들에게 낯설고 어려운 존재가 되어 버린 지금, 이 한 권의 책이 부모님의 세대와 아이들의 세대를 이어 주는 행복한 다리가 되기를 바랍니다. 부모님에게는 행복한 추억 속으로의 여행이 되고 우리 아이들에게는 우리의 것을 만나는 설레는 여행이 되기를 희망합니다.

아이들과 놀며 배우는 바오·마리

명절 놀이

설날

새해 첫날에 맞이하는 우리나라 최대 명절이에요. 온 가족이 함께 모여 어른들께 세배를 드리고 덕담을 나누며 떡국을 먹어요.

한복을 색칠하고 복주머니 스티커를 붙여 보세요.

윷놀이

설날에는 윷놀이를 즐겨요. 윷가락 네 개를 던져 정해진 수만큼 칸을 이동하여, 네 개의 말이 먼저 도착하면 이기는 놀이예요.

오리기 판에서 말을 오리고, 입체모형 도안으로 윷을 만들어 윷놀이를 해요.

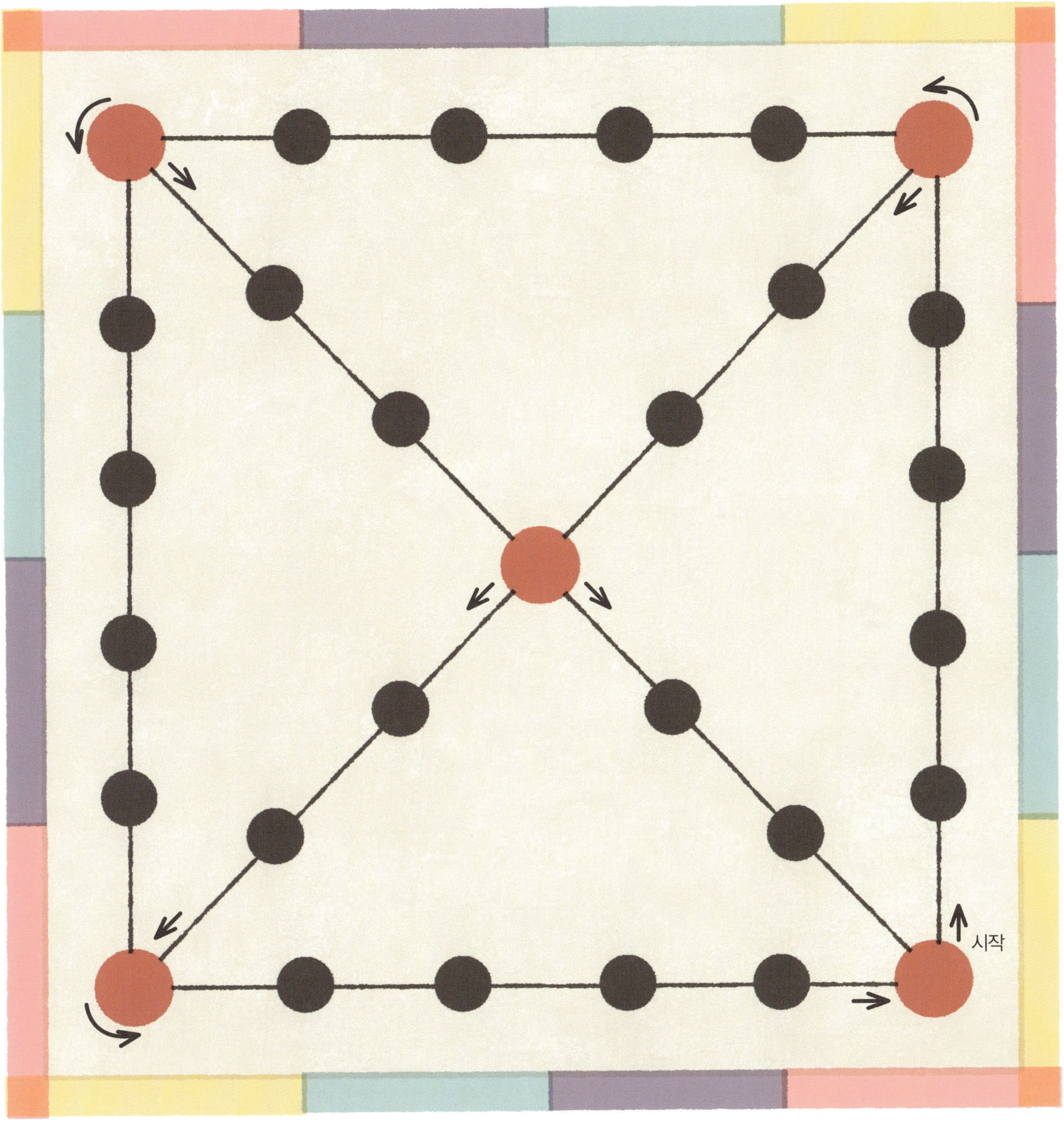

도

돼지를 뜻하는 도가 나오면 말을 한 칸 앞으로 옮겨요.

개

개를 뜻하는 개가 나오면 말을 두 칸 앞으로 옮겨요.

걸

양을 뜻하는 걸이 나오면 말을 세 칸 앞으로 옮겨요.

윷

소를 뜻하는 윷이 나오면 네 칸 앞으로 간 뒤 한 번 더 던져요.

모

말을 뜻하는 모가 나오면 다섯 칸 앞으로 간 뒤 한 번 더 던져요.

정월 대보름

음력 1월 15일로 그해의 첫 보름달이 뜨는 날이에요. 이날 부럼(땅콩, 잣, 밤, 호두 등)을 깨물면 부스럼을 예방하고 이가 튼튼해진다고 믿었답니다.

여러 가지 부럼들을 색칠해 보세요.

정월 대보름에는 오곡밥(찹쌀, 기장, 찰수수, 검정콩, 붉은팥)과 묵은 나물을 먹고 쥐불놀이(막대기나 줄에 불을 붙이고 돌아다니며 노는 놀이), 달집태우기(나뭇가지로 만든 달집에 불을 지르며 노는 것), 지신밟기(집터를 지키는 지신에게 복을 비는 것) 등을 했어요.

북청 사자놀이

함경남도에 전해 오는 탈놀이에요. 정월 대보름 무렵에 사자탈을 쓰고 연주에 맞춰 춤을 추며 나쁜 일을 몰아내고 복을 빌었지요.

사자탈을 색칠해요.

연날리기

연은 종이에 대나무 가지를 붙여 실을 맨 다음 하늘에 높이 날리는 장난감이에요. 주로 설에서 정월 대보름 사이에 연을 많이 날렸어요.

연줄을 따라 선을 그리고 연을 색칠해요. 연 스티커도 찾아 붙여요.

옛이야기

예로부터 전해 내려오는 이야기예요. 옛날 사람들은 여가 시간에 입에서 입으로 전하는 이야기들을 즐겼어요.

인형을 오려서 해님 달님 인형극을 꾸며 보세요.

해님 달님은 해와 달의 기원에 대한 이야기예요. 집으로 가던 오누이의 어머니는 호랑이에게 잡아먹혀요. 오누이도 호랑이한테 쫓기지만 동아줄을 타고 하늘로 올라가요. 오누이는 하늘의 해와 달이 되고 뒤따라 오던 호랑이는 수수밭에 떨어져 죽는답니다.

단 오

우리나라 전통 명절인 단옷날에는 떡을 해 먹고 남자들은 씨름을 즐겼어요. 여자들은 그네뛰기를 하고 나쁜 귀신을 쫓기 위해 창포 삶은 물로 머리를 감았어요.

빈 곳을 찾아 색칠해요.

단오는 모내기를 끝내고 나서 풍년을 기원하며 하늘에 제사를 지내고 마을 잔치를 벌이는 날이에요. 수릿날, 천중절이라고도 부르지요. 수리취를 넣어 둥글게 만든 수리취떡과 쑥떡, 망개떡, 약초떡 등을 먹고 탈춤, 가면극 등을 즐겼어요.

씨름

두 사람이 힘과 기술을 써 상대방을 먼저 넘어뜨리면 이기는 경기예요. 우리나라에서 자연적으로 생겨난 민속놀이이자 운동경기로, 누구나 쉽게 즐길 수 있어요.

빈 곳을 색칠하고 스티커를 붙여요.

씨름 경기에서 우승한 사람에게는 황소 한 마리를 주었어요. 옛날에는 씨름을 하는 사람들이 대부분 농민이어서 농사일을 부지런히 하라는 격려의 뜻이 담겨 있어요. 여름에 많이 즐기던 놀이로 단오, 추석 때에도 많이 즐겼어요.

추석

음력 8월 15일로 한가위라고도 해요. 온 가족이 함께 모여 햅쌀로 송편을 빚고 곡식과 과일들로 차례를 지내요.

추석에 먹는 음식을 색칠해요.

강강술래

남부 지방에서 전해 오는 민속놀이예요. 추석에 보름달 아래에서 여러 사람이 함께 손을 잡고 빙빙 돌면서 춤을 추고 노래를 불러요.

강강술래 하는 사람들의 모습을 오려서 원을 만들어 세워 보세요.

탈춤

얼굴에 탈을 쓰고 다른 인물이나 동물로 분장한 후 춤추고 노래하며 이야기를 들려주는 일종의 연극이에요. 지역마다 탈의 종류와 이야기가 다르답니다.

탈을 쓴 사람을 색칠해 보세요.

여러 가지 탈 종류에 맞는 그림을 찾아 오려서 붙여요.

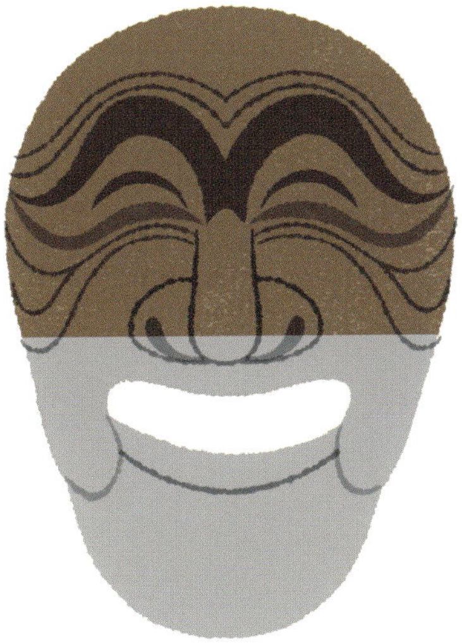

하회탈

각시탈

말뚝이탈

애사당탈

신할아비탈

원숭이탈

전통 놀이

옛날 아이들은 어떤 놀이를 하고 놀았을까요? 남자아이들은 제기차기, 팽이치기를 하고 여자아이들은 널뛰기 등을 하며 놀았답니다.

스티커를 붙여 놀이 장면을 완성해 보세요.

옛날 어린이들은 주로 자연에서 구할 수 있는 재료를 가지고 놀았어요. 여름에는 멱 감기, 겨울에는 연날리기, 썰매 타기 등을 하고 설날에는 윷놀이, 정월 대보름에는 쥐불놀이, 추석에는 강강술래 등을 즐겼어요.

예술 건축

숭례문

조선 시대 수도인 한양의 남쪽 정문으로 남대문이라고도 불러요.
서울에 남아 있는 가장 오래된 목조 건축물로 국보 제1호예요.

빈 곳을 색칠하고 입체모형 도안으로 숭례문을 만들어요.

성벽으로 둘러싸인 한양으로 들어가는 네 개의 큰 문을 사대문이라고 해요. 사대문에는 흥인지문(동), 돈의문(서), 숭례문(남), 숙정문(북)이 있어요. 숭례문은 예의를 지키는 문이라는 뜻이랍니다.

단 청

나무로 지어진 건물에 청색, 적색, 황색, 흑색, 백색의 다섯 가지 색깔을 기본으로 하여 장식한 그림이에요. 거센 비바람이나 벌레로부터 나무를 보호하는 역할도 하지요.

단청의 빈 곳을 색칠해요.

경회루

경복궁 안에 있는 연못에 세워진 누각이에요. 외국 사신을 맞이하고 궁중 연회를 베풀던 곳으로 매우 아름다운 건축물이에요.

경회루 지붕을 색칠하고 배 스티커를 붙여요.

경복궁은 조선 시대에 지은 다섯 개의 궁궐 중 첫 번째로 지어진 곳이에요. 경복은 큰 복을 누리라는 의미랍니다.
세종 대왕 때에는 조선 왕조의 중심지 역할을 했어요.

종묘 제례악

궁중 음악의 한 종류로 왕의 제사 때 쓰던 음악이지요. 제사를 지내는 동안 악기를 연주하고 노래를 부르며 왕을 기리는 춤을 추었어요.

악기 스티커를 찾아 붙여 보세요.

편종

16개의 종이 달린 악기로 작은 망치로 쳐서 연주해요.

어

목 부분을 세 번 치고 등을 긁는 것을 세 번 반복하면 음악이 끝나요.

대금

가로로 잡고 불어서 소리를 내는 악기예요.

피리

세로로 잡고 불어서 소리를 내는 악기예요.

축

나무로 만든 기다란 채로 바닥을 쳐서 음악이 시작하는 것을 알려요.

해금

활로 줄을 문질러 소리를 내는 악기예요.

편경
돌을 ㄱ자 모양으로
깎아서 만든 악기로
망치로 쳐서 연주해요.
절고
북의 일종으로 나무로 만든
대 위에 올려놓고 나무 방망이로
쳐서 연주해요.
노래를 부르는 사람
박
음악을 시작하거나
마칠 때 쓰는 악기예요.
아쟁
7개 줄이 있는 현악기로
활로 줄을 문질러 연주해요.

십장생

오래 살고 영원히 죽지 않는 열 가지라는 뜻으로 해, 산, 물, 돌, 소나무, 불로초, 거북, 학, 사슴, 구름을 말해요.

십장생을 찾아 색칠해요.

전통 문양

문양은 물체의 겉을 장식한 무늬를 말해요. 예로부터 우리 선조들은 선과 도형, 동물과 식물들을 본떠 문양을 만들고 장식했어요.

전통 문양을 오려서 붙여요.

연꽃 무늬 (고구려 기와)

연꽃 무늬 (백제 기와)

연꽃 무늬 (고구려 기와)

도깨비 무늬 (고구려 기와)

삼족오 무늬 (고구려 기와)

얼굴 무늬 (신라 기와)

떡살

떡을 눌러 예쁜 무늬를 찍어 내는 도구로 주로 나무로 만들었어요. 찹쌀 등을 쪄서 만든 떡에 모양을 낼 때 사용하지요.

떡살 무늬를 오려 붙여 떡살을 완성하세요.

석굴암

경주 토함산에 있는 돌로 만든 사찰이에요. 통일 신라 시대에 지은 것으로 신라인의 불교 신앙과 나라를 지키려는 마음이 담겨 있어요.

불상을 색칠해 보세요.

다보탑

통일 신라 시대에 만들어진 아름다운 석탑으로 경주 불국사 안에 있어요. 탑은 석가모니의 사리나 유골을 모시거나, 그의 덕을 기리기 위해 세운 건축물이에요.

다보탑의 비어 있는 부분에 스티커를 붙여요.

신라 금관

화려한 장식이 돋보이는 신라의 아름다운 유산이에요. 나뭇가지와 사슴뿔을 닮은 모양의 금관에 비취와 옥 등의 장식이 달려 있어요.

금관의 빈 곳을 색칠해요.

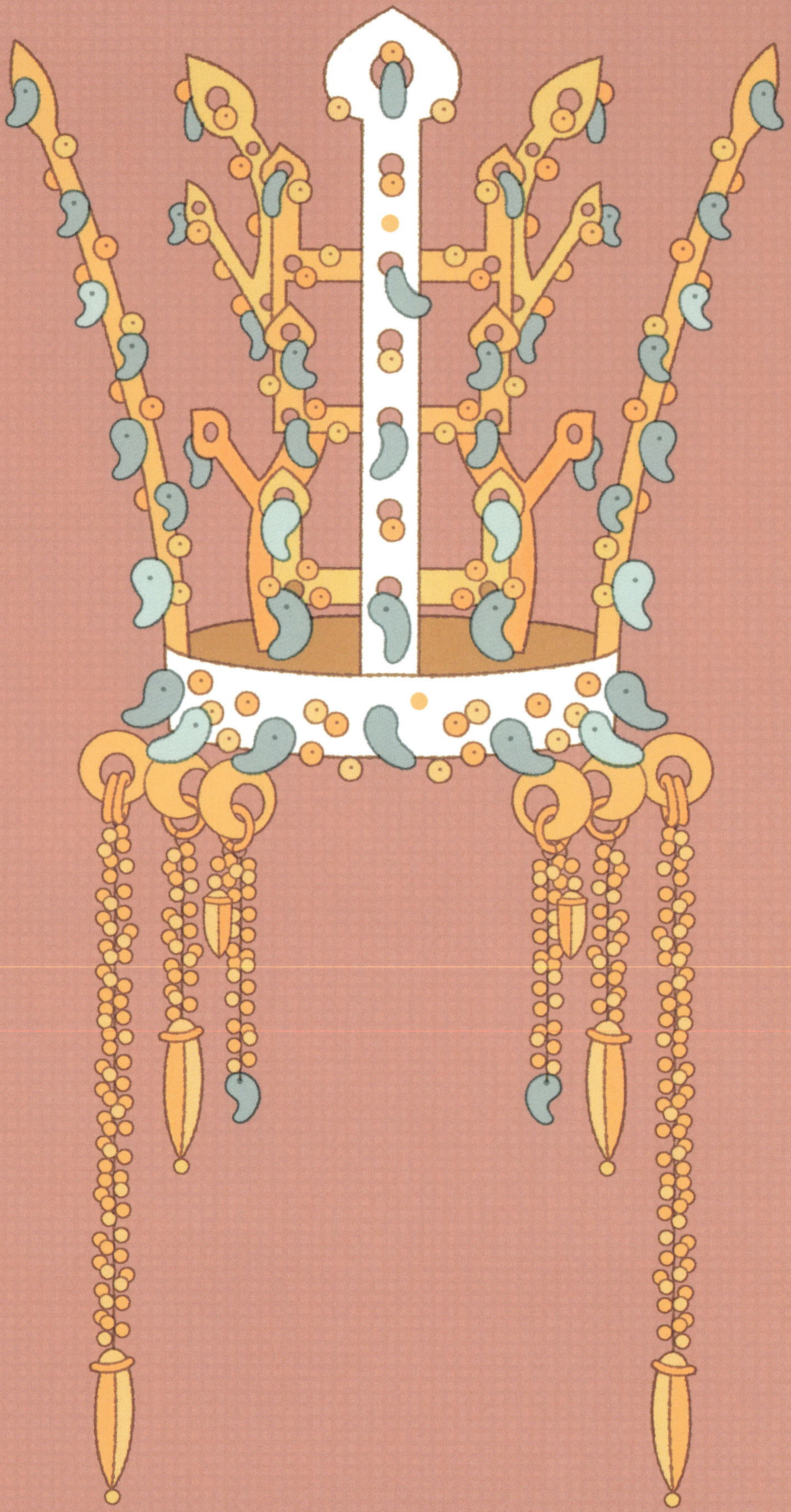

옛날 사람들은 사후 세계를 중요하게 생각해서 죽은 후에도 삶이 영원하기를 바라는 마음으로 왕과 왕족의 무덤에 금관과 장식품들을 묻었어요. 신라 시대 무덤에서는 금관을 비롯한 장신구, 그릇, 무기 등이 발견되었지요.

고려청자

고려 시대에 만들어진 푸른빛의 도자기입니다. 영롱한 푸른빛을 띤 도자기 위에 아름다운 그림과 무늬들이 그려져 있어요.

오리기 판에서 무늬를 오려 고려청자를 완성해요.

고려청자는 흙으로 빚은 도자기를 한 번 구워 낸 후, 철 성분이 든 유약을 발라 다시 구워 만들었어요. 도자기 표면에 무늬를 파내고 다른 재료를 넣어 굽는 기법과 아름답고 신비로운 푸른빛이 유명하지요.

생활 문화

추수

가을에 잘 여문 곡식을 수확하는 일이에요. 순우리말로 가을걷이라고 해요. 봄에 모를 심고 여름에 김을 매고 가을에 추수를 해요.

스티커를 찾아서 붙이고 빈 곳을 색칠해요.

농 악

힘든 농사일에 즐거움과 흥을 돋우어 주는 우리나라 고유의 음악이에요. 나쁜 일을 몰아내고 풍년을 기원하는 마음을 담았어요.

여러 가지 악기 스티커를 찾아 붙이고 빈 곳을 색칠해요.

농사를 지을 때 쓰던 농악을 실내에서 연주할 수 있게 바꾼 것이 사물놀이예요. 꽹과리, 장구, 징, 북 이렇게 네 가지 악기를 가지고 연주하지요.

한 복

한복은 오랫동안 이어져 내려온 우리나라의 전통 의복이에요. 직선과 특유의 곡선이 잘 어우러진 아름다운 옷이랍니다.

한복을 찾아 오려서 붙여 보세요.

여자아이는 다홍치마와 색동저고리를 입고 그 위에 털배자를 입어요. 머리에는 배씨 댕기를 하고 조바위를 쓰지요. 발에는 버선을 신은 다음 당혜를 신어요. 노리개는 옷고름에 걸고 손에는 복주머니를 들기도 해요.

남사아이는 바지와 저고리를 입고 그 위에 배자를 입어요. 까치두루마기 위에 전복을 덧입기도 해요.
발에는 버선을 신은 다음 태사혜를 신어요. 머리에는 복건을 쓰고 허리에는 복주머니를 달아요.

전통 혼례

전통적인 결혼식으로, 부부가 되는 서약을 맺어요. 조선 시대에는 대개 신부 집 마당에서 혼례를 올리고 신부 집에서 3일을 머문 후 신랑 집으로 갔답니다.

혼례에 필요한 여러 가지 물건과 음식 스티커를 찾아 붙여요.

세종 대왕

조선의 4대 임금으로 조선의 제도, 학문, 문화, 예술의 기틀을 다졌어요. 백성들을 위한 정책을 펴서 우리 역사상 가장 훌륭한 인물로 손꼽히지요.

곤룡포의 무늬와 익선관을 스티커로 붙여요.

한글

세종 대왕이 창제한 우리나라 고유의 글자예요. 세계에서 유일하게 만든 사람과 창제 원리가 알려진 문자로, 세계에서 가장 독창적이고 우수한 문자랍니다.

숨어 있는 한글을 찾아 색칠해요.

한글의 처음 이름은 훈민정음(백성을 가르치는 바른 소리)이에요. 훈민정음 해례본에는 훈민정음의 창제 원리와 운용 방법이 상세하게 기록되어 있어요. 1997년 10월에 유네스코 세계기록유산으로 등재되었어요.

장승

마을 입구, 길가에 세운 사람 머리 모양의 기둥이에요. 마을을 지키는 수호신 역할을 했어요. 마을 어귀에는 남녀 한 쌍의 장승과 솟대가 있어 마을의 시작임을 알려요.

장승의 빈 곳을 찾아 색칠해요.

서당

고구려의 마을 단위 학교인 경당이 조선 시대에 서당으로 바뀌어 널리 세워졌어요. 지금의 학교와 같은 곳으로, 요즘도 산간벽지에는 남아 있는 곳이 있답니다.

옛날 사람들의 필기도구를 스티커로 붙여 보세요.

선비

학식이 있고 행동과 예절이 바르며 관직과 재물을 탐하지 않는 사람을 말해요. 옛날 선비들은 이러한 인품을 갖추기 위해 열심히 공부했어요.

방 안의 여러 물건 스티커를 붙이고 사군자를 색칠해요. 입체모형 도안으로 종이함도 만들어 보세요.

매화는 이른 봄, 추위를 무릅쓰고 제일 먼저 꽃을 피우고, 난초는 은은한 향기를 멀리 퍼뜨려요. 국화는 늦은 가을 추위를 이겨 내며 피고, 대나무는 추운 겨울에도 푸른 잎을 계속 유지하지요. 네 가지 식물의 장점을 군자의 인품에 비유하여 사군자라고 해요.

전통 음식

우리나라의 전통 음식에는 어떤 것들이 있을까요? 평소에는 밥, 국, 김치, 반찬을 차려 먹고 명절이나 잔치 등이 있을 때에는 특별한 음식을 차렸어요.

빈 그릇에 음식 스티커를 붙여요.

수정과
생강과 계핏가루를 끓인 물을 식혀 설탕이나 꿀을 타고 곶감과 잣을 띄워 먹는 전통 음료

구절판
고기, 전복, 채소 등을 채 썰어 담고 가운데 칸에 얇게 부친 밀전병을 담아 쌈을 싸 먹을 수 있게 한 음식

탕평채
묵에 고기볶음, 미나리, 김 등을 넣어 만든 음식

약과
꿀과 기름으로 밀가루를
반죽하여 모양을 내고
기름에 지진 과자

김치

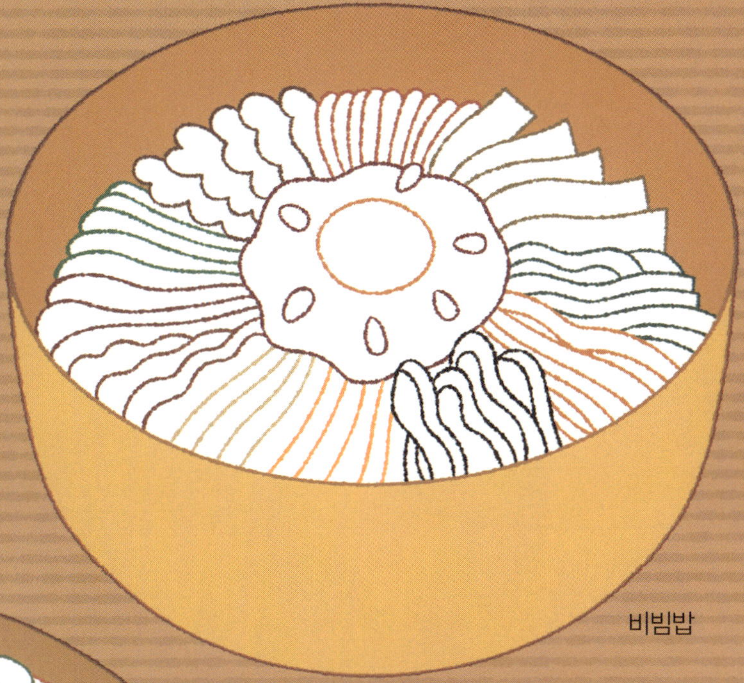

비빔밥

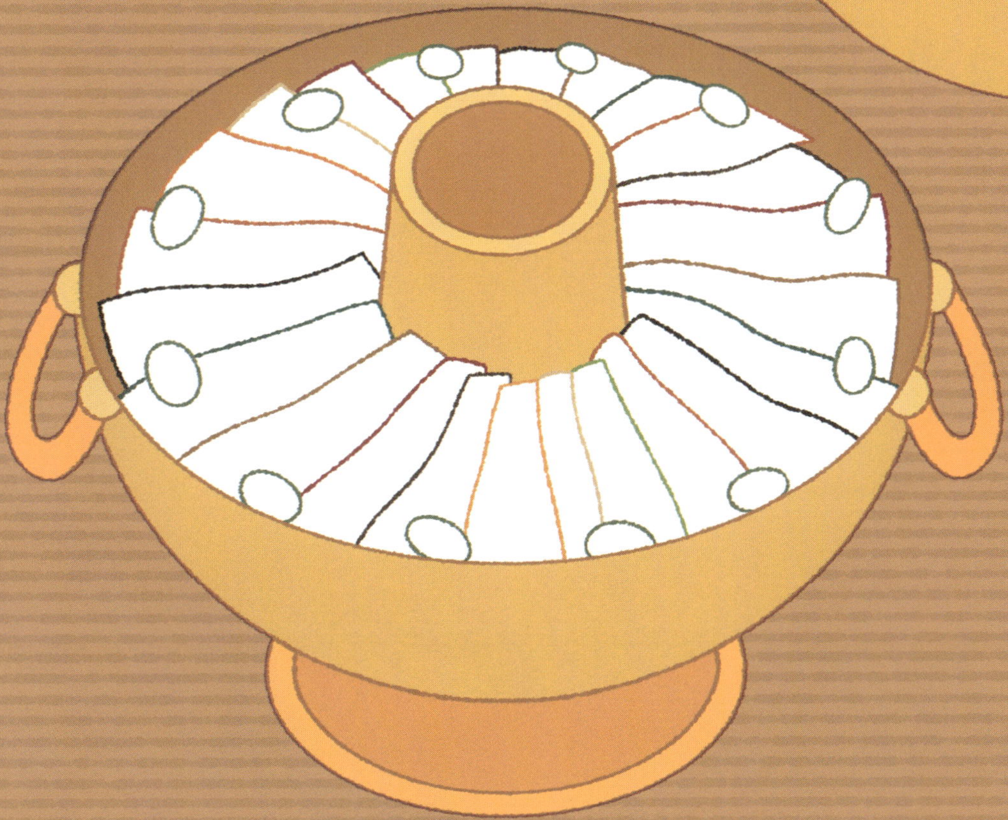

신선로
궁중 음식으로 쇠로 된 화통이 달린
냄비에 끓이면서 먹는 탕

김치

우리나라 대표 음식 가운데 하나로, 소금에 절인 채소에 젓갈과 양념을 혼합하여 저온에서 발효시켜 만든 음식이에요. 영양소가 많고 몸에도 좋은 것으로 유명해요.

장독과 김치광을 색칠하고 스티커도 붙여요.

김치는 겨울에 채소를 먹기 어려웠던 옛날, 겨울 내내 채소를 먹기 위해 만든 음식이에요. 김치만큼 뛰어난 저장법으로 만든 음식은 세계에서 찾아보기 힘들답니다. 김장을 담가 김치광과 장독에 보관해요.

장독
배추김치
파
절인 배추
마늘
고추

가마와 말

옛날 사람들의 이동 수단이에요. 작은 집 모양을 한 가마를 가마꾼들이 직접 들어 이동했답니다. 말도 교통수단의 하나였어요.

가마를 색칠해요.

나루터

강가에서 사람들이 나룻배를 타고 내리거나 짐을 옮기던 곳이에요. 나룻배는 강을 끼고 있는 마을의 중요한 교통수단이었어요.

돛을 선으로 연결하여 그리고 색칠해요. 나루터의 사람들 스티커를 찾아서 붙여요.

과학

기술

첨성대

신라 시대에 만들어진 별을 관측하는 천문대예요. 첨성대 꼭대기에 관측기구를 놓고 별을 관찰하며 농사짓는 시기를 알아보았어요.

첨성대 안에는 무엇이 있나요? 첨성대 바깥면을 오려서 붙여요.

별자리

별을 몇 개씩 이어서 형태마다 동물, 물건, 신화 속 인물 등의 이름을 붙여 놓은 것이에요. 이건 우리나라 겨울의 밤하늘 모습이에요. 계절에 따라 보이는 별자리가 달라지지요.

별자리 스티커를 붙여요.

해시계

해가 동쪽에서 떠서 서쪽으로 질 때까지 생기는 그림자를 보고 시간을 알 수 있게 한 도구예요. 조선 초기 세종 대왕 때의 과학자인 장영실이 만들었어요.

해시계를 색칠하고 해시계의 바늘 스티커를 붙여요.

물시계

물이 흐르는 것을 이용해 종과 북소리로 시간을 알 수 있게 만든 도구입니다. 조선 시대 과학자인 장영실이 왕의 명령을 받아 만들었지요.

빈 곳을 색칠하고 오리기 판에서 물 항아리를 오려서 붙여요.

대장간

쇠를 달구어 여러 가지 연장들을 만드는 곳입니다. 대장간에서 농기구나 연장을 고치거나 만드는 사람을 대장장이라고 해요.

여러 가지 농기구와 연장 스티커를 찾아서 붙여요.

맷돌과 절구

맷돌은 곡식을 가는 데 쓰는 기구이고 절구는 곡식을 빻거나 찧는 데 쓰는 기구예요.
옛날에는 음식을 만들 때 필요한 작업을 대부분 집에서 했어요.

절구를 색칠하고 맷돌 스티커를 붙여요.

봉수

지방에서 일어난 중요한 일을 서울로 알려 주던 통신 제도예요. 산봉우리에 불을 피울 수 있는 굴뚝을 설치해, 밤에는 횃불을 피우고 낮에는 연기를 피워 소식을 전했어요.

봉수 스티커를 찾아서 붙여요.

파발

조선 시대에 공문을 빠르게 보내려고 설치한 교통 통신 기관이에요. 공문을 전하는 사람을 파발병이라고 하고, 파발병을 태운 말을 파발마라 했어요.

마패 속의 말을 오려 붙여요.

마패
말을 사용할 수 있는 자격증으로 마패 속에 그려진 말의 숫자만큼 말을 사용할 수 있어요.

거북선

왜적을 물리치려 만든 배로, 철갑 덮개를 씌우고 쇠 송곳을 꽂아 적이 배에 오르기 어렵게 만들었어요. 우리가 알고 있는 거북선은 임진왜란 때 이순신 장군이 만든 것이에요.

거북선의 빈 부분을 찾아서 색칠해요. 입체모형 도안으로 거북선을 만들어요.

임진왜란은 조선 시대 선조 25년(1592년)부터 31년(1598년)까지 두 차례에 걸쳐서 우리나라를 침입한 일본과의 싸움이에요. 이순신 장군이 거북선을 이끌고 큰 활약을 펼쳤어요. 하지만 7년 간의 전쟁으로 백성들은 큰 고난을 겪었어요.

이순신 장군

조선 시대 임진왜란 때 거북선을 이끌고 바다로 나가 일본군을 무찌른 장군이에요. 명량대첩에서는 12척의 배로 133척을 가진 적군을 물리쳤어요.

이순신 장군의 갑옷을 색칠해요.

대동여지도

김정호가 만든 우리나라 최고의 옛날 지도랍니다. 목판으로 제작되어 지도를 많이 찍어 낼 수 있었고 매우 정확했어요.

문화재 스티커를 찾아서 붙여 보세요.

참고문헌

도움 받은 책

김규석, ≪소중한 우리 떡살≫, 미술문화, 2005년

김규석, ≪아름다운 떡살 무늬≫, 미술문화, 2005년

김명희, ≪심봤다≫, 언어세상, 2006년

김영숙 외, ≪종묘제례악≫, 민속원, 2008년

남상민, ≪한국전통혼례≫, 예학, 2003년

문영미, ≪열려라 남대문학교≫, 창비, 2012년

문화재청, ≪어린이 문화재 박물관≫, 사계절, 2006년

배현주, ≪설빔 여자아이 고운 옷≫, 사계절, 2006년

배현주, ≪설빔 남자아이 멋진 옷≫, 사계절, 2007년

오영선, ≪어린이 박물관 고려≫, 웅진주니어, 2006년

오영찬 외, ≪한국생활사박물관3 고구려≫, 사계절, 2001년

윤소영, ≪박물관에서 놀자≫, 거인, 2007년

우리누리, ≪그래서 이런 전통 과학이 생겼대요≫, 길벗스쿨, 2013년

이순원, ≪얼쑤 좋다, 단오 가세≫, 책읽는곰, 2008년

이향숙, ≪옛 교통과 통신≫, 주니어RHK, 2013년

임영주, ≪한국의 전통 문양≫, 대원사, 2004년

진회숙, ≪초등학생을 위한 국악의 모든 것≫, 주니어김영사, 2011년

하남역사박물관, ≪떡살의 무늬와 미≫, 경인문화사, 2005년

햇살과나무꾼, ≪우리 음식 이야기≫, 해와나무, 2005년

햇살과나무꾼, ≪누가 쓰던 물건일까≫, 해와나무, 2005년

햇살과나무꾼, ≪신나는 명절 이야기≫, 해와나무, 2005년

햇살과나무꾼, ≪옛날의 교통 통신≫, 해와나무, 2006년

홍영의, ≪한국사탐험대3≫, 웅진주니어, 2005년

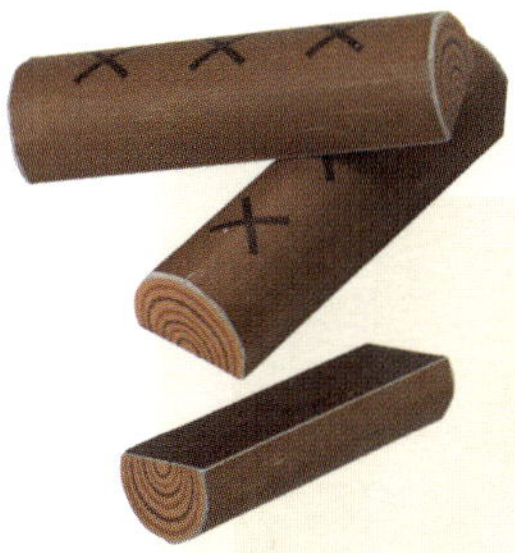

입체모형

오리기

스티커

숭례문 만드는 법

81~85쪽의 숭례문 본을 모두 떼어 내고
설명대로 접어 모양을 잡으세요.

접는 선
칼 선
떼는 선

1. 문루를 접어서 붙여요.
2. 1층 지붕을 접어서 문루 중간에 끼운 다음 지붕 양쪽 끝을 이어 붙여요.
3. 2층 지붕을 접어서 붙인 다음 문루 위에 끼워요.
4. 2층 지붕과 문루에 현판을 끼워요.
5. 석축을 접어서 붙여요.
6. 석축 위에 담장 2개를 끼우고 담장 양쪽 끝을 이어 붙여요.
7. 문루를 석축 위에 붙여요.
8. 병사를 숭례문 앞에 놓아요.

1

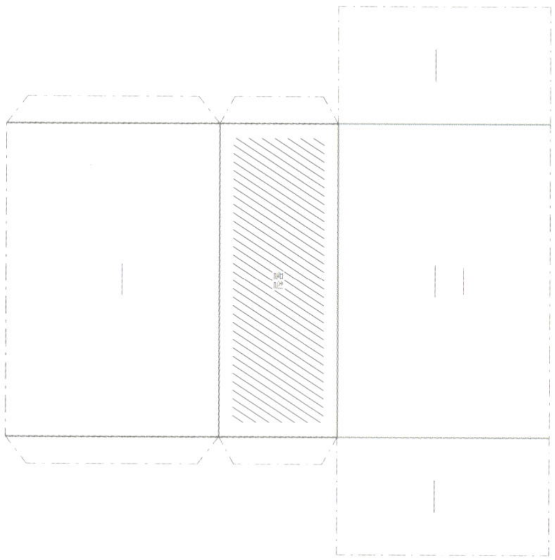

2

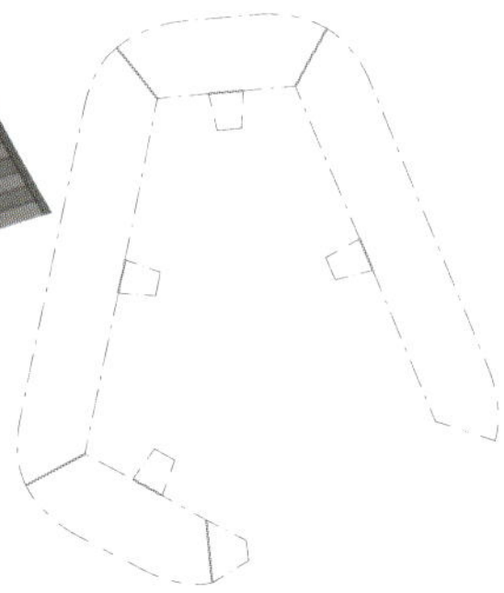

3

4

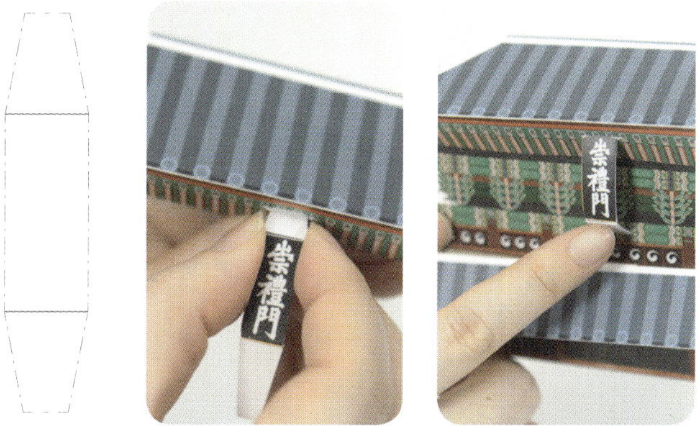

5

6

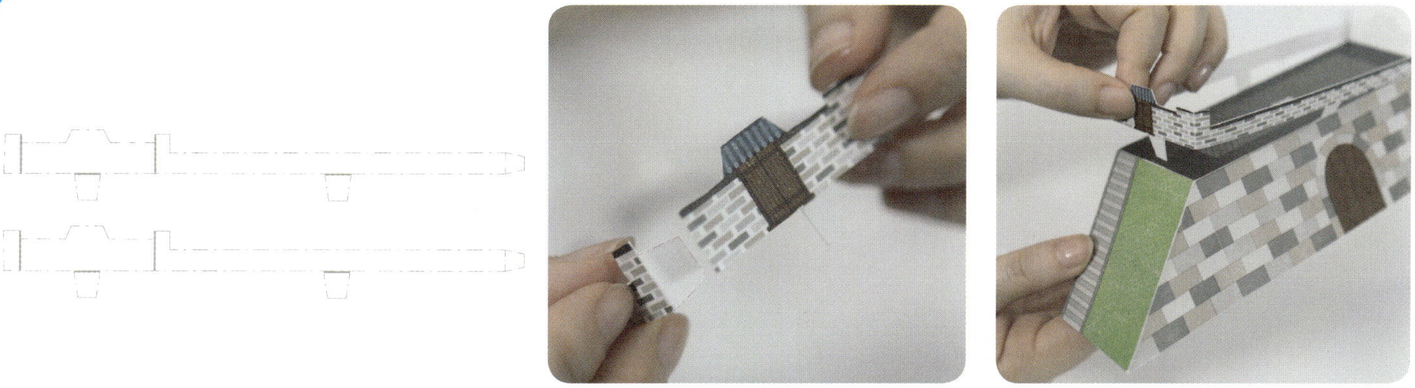

7

8

거북선 만드는 법

87~91쪽의 거북선 본을 모두 떼어 내고 설명을 따라 접어 모양을 잡으세요.

접는 선
칼 선
떼는 선

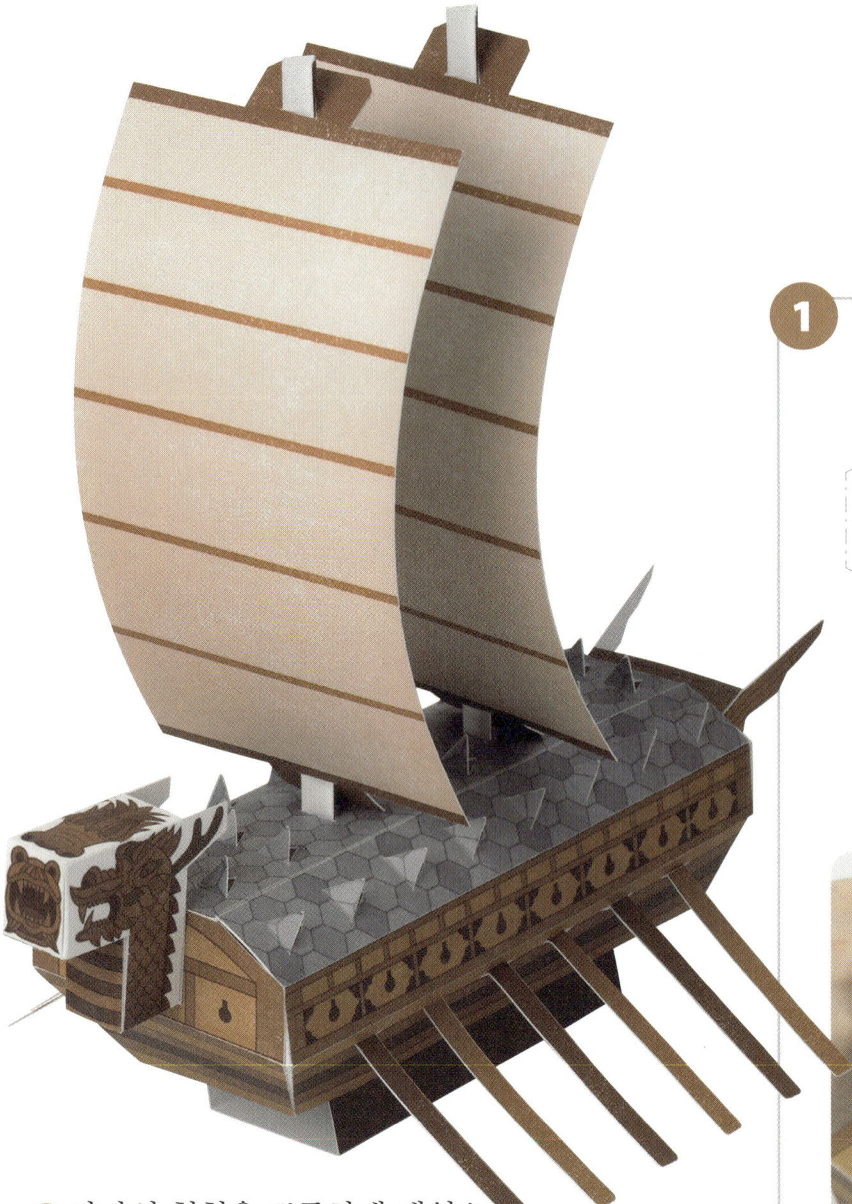

1

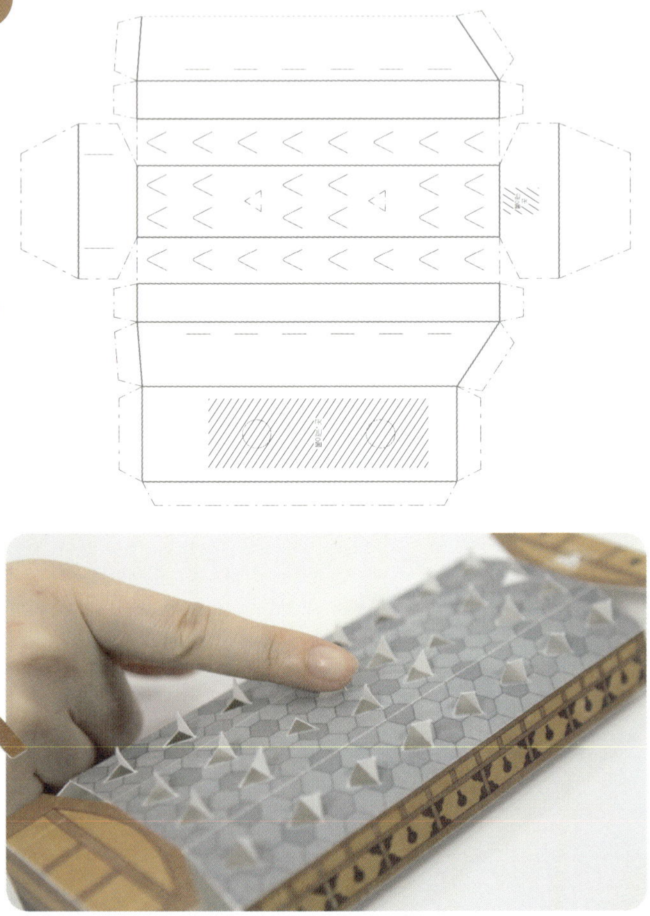

2

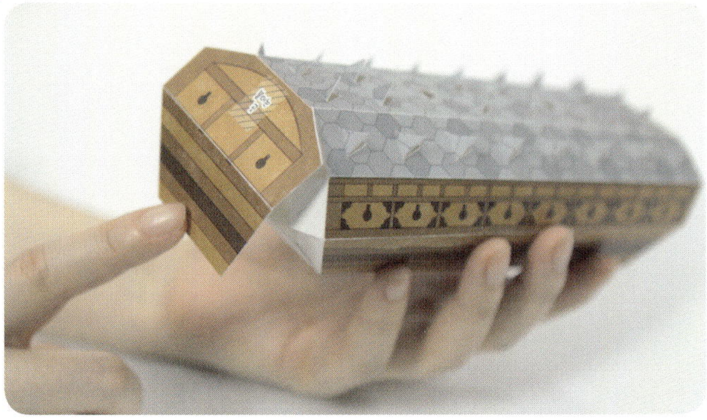

1. 갑판의 철침을 뾰족하게 세워요.
2. 거북선 선체를 접어서 붙여요.
3. 받침대를 접어서 붙여요.
4. 받침대를 선체 아래에 붙여요.
5. 돛대를 거북선 갑판부터 받침대까지 구멍을 따라 꽂아요.
6. 돛대 끝부분을 접어 바닥에 붙여요.
7. 돛을 돛대 위에 꽂아요.
8. 머리를 접어서 선체 앞부분에 붙여요.
9. 노를 선체 옆에 꽂아요.
10. 꼬리를 접어 선체 뒷부분에 꽂아요.

3

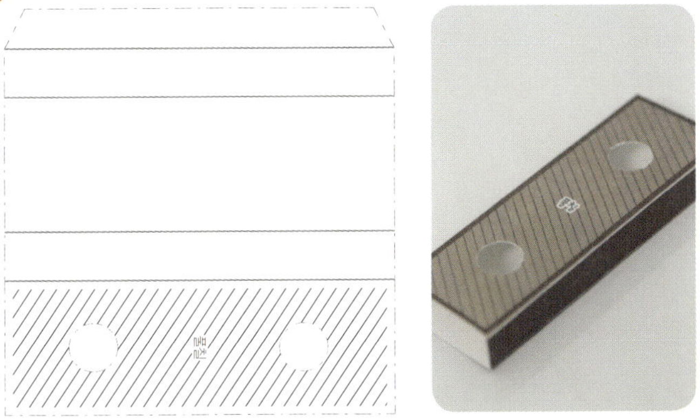

4

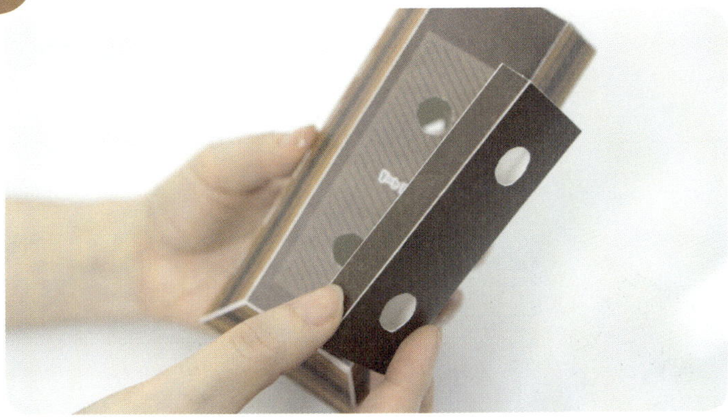

5

6

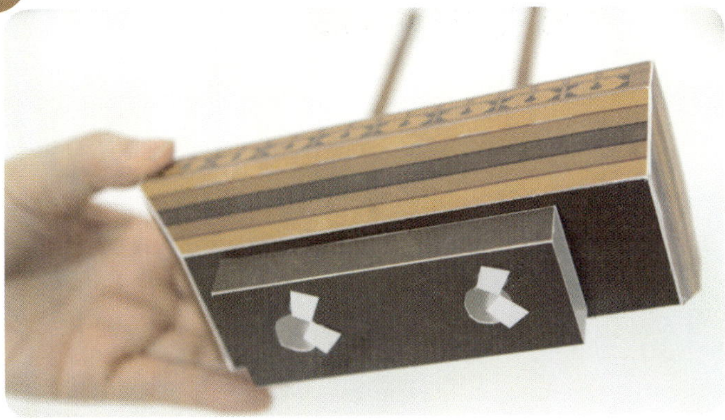

7

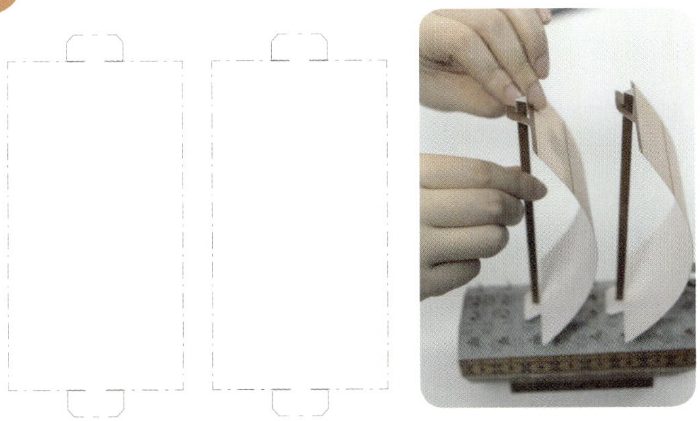

8

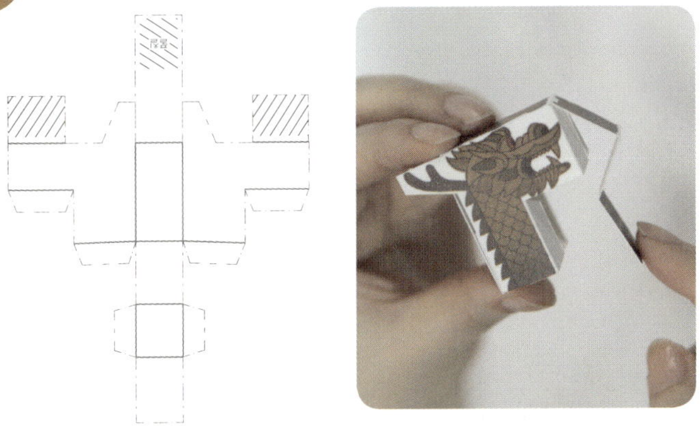

9

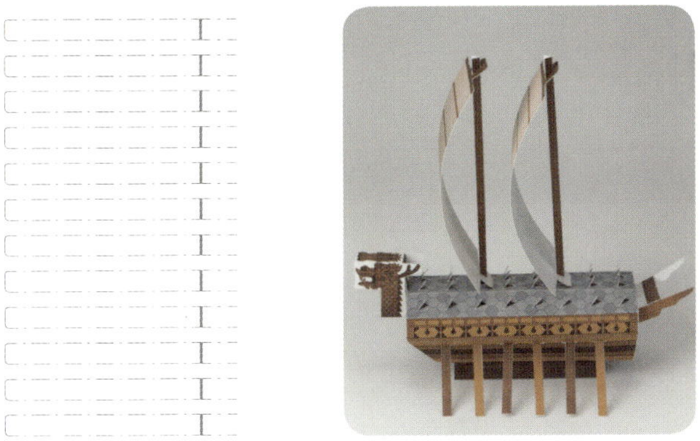

10

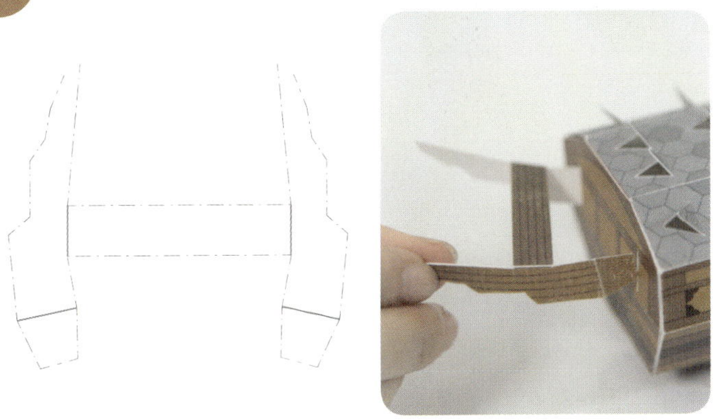

종이함 만드는 법

93~95쪽의 종이함 본을 모두 떼어 내고
설명대로 접어 모양을 잡으세요.

접는 선
떼는 선

1 종이함 윗부분을 접어서 붙이세요.
2 종이함 아랫부분을 접어서 붙이세요.

1

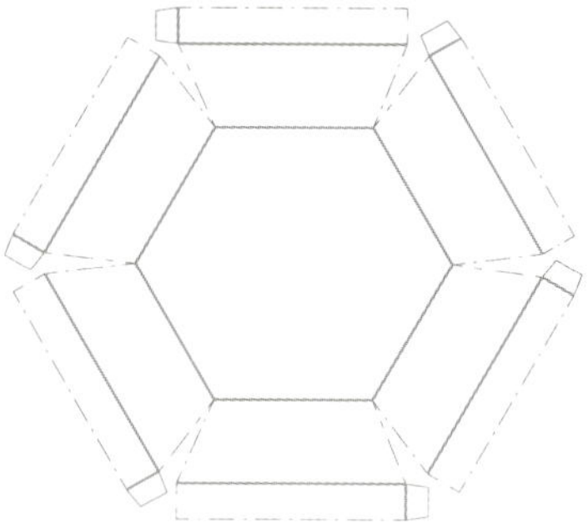

2

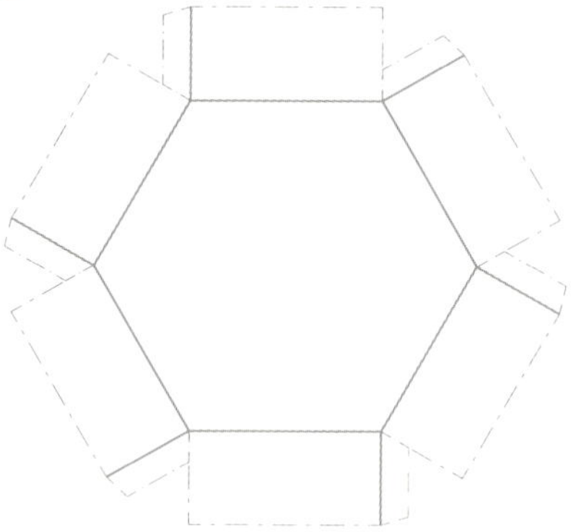

윷 만드는 법

93~95쪽의 윷 본을 모두 떼어 내고
설명대로 접어 모양을 잡으세요.

1 윷 1개를 접어서 붙여요.
2 같은 방법으로 윷 3개를 더 만들어요.

1

입체모형 24~25쪽 숭례문을 만들어 보세요.

칼 선

떼는 선

풀 칠

끼우기

석축

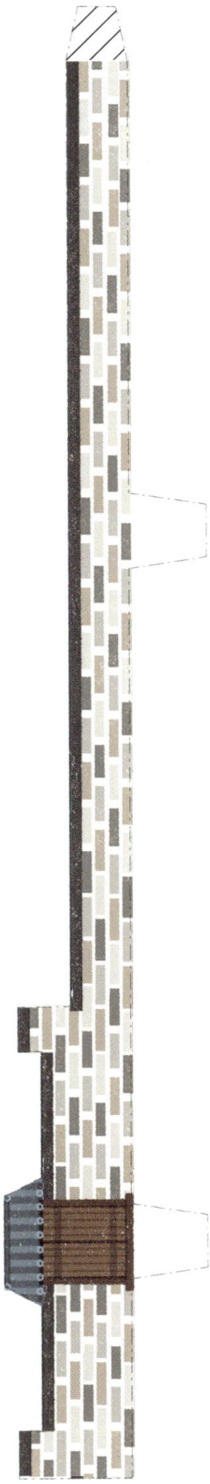

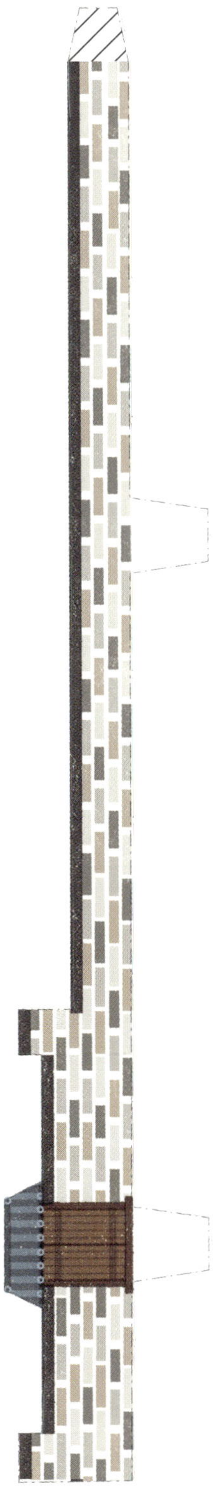

담장

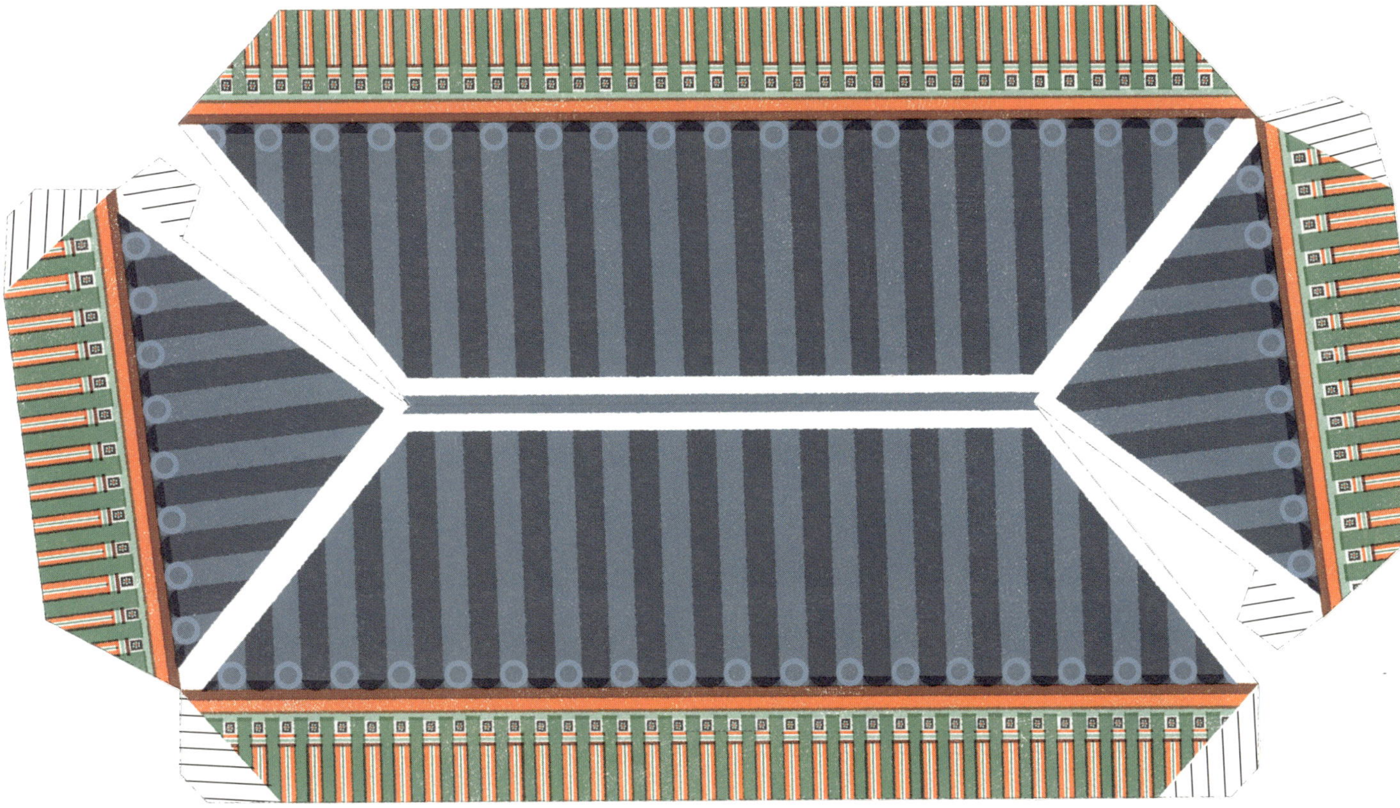

2층 지붕

1층 지붕

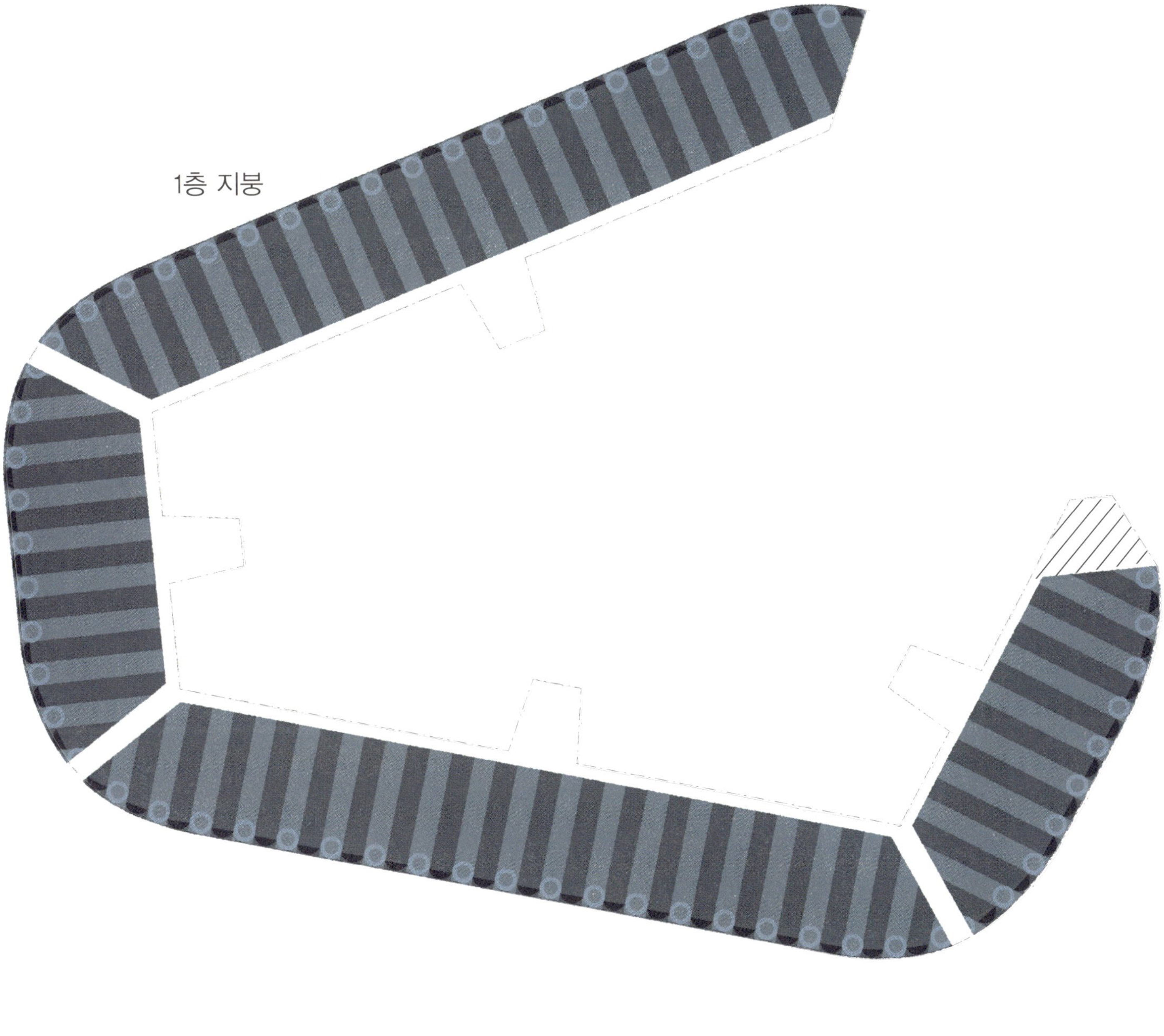

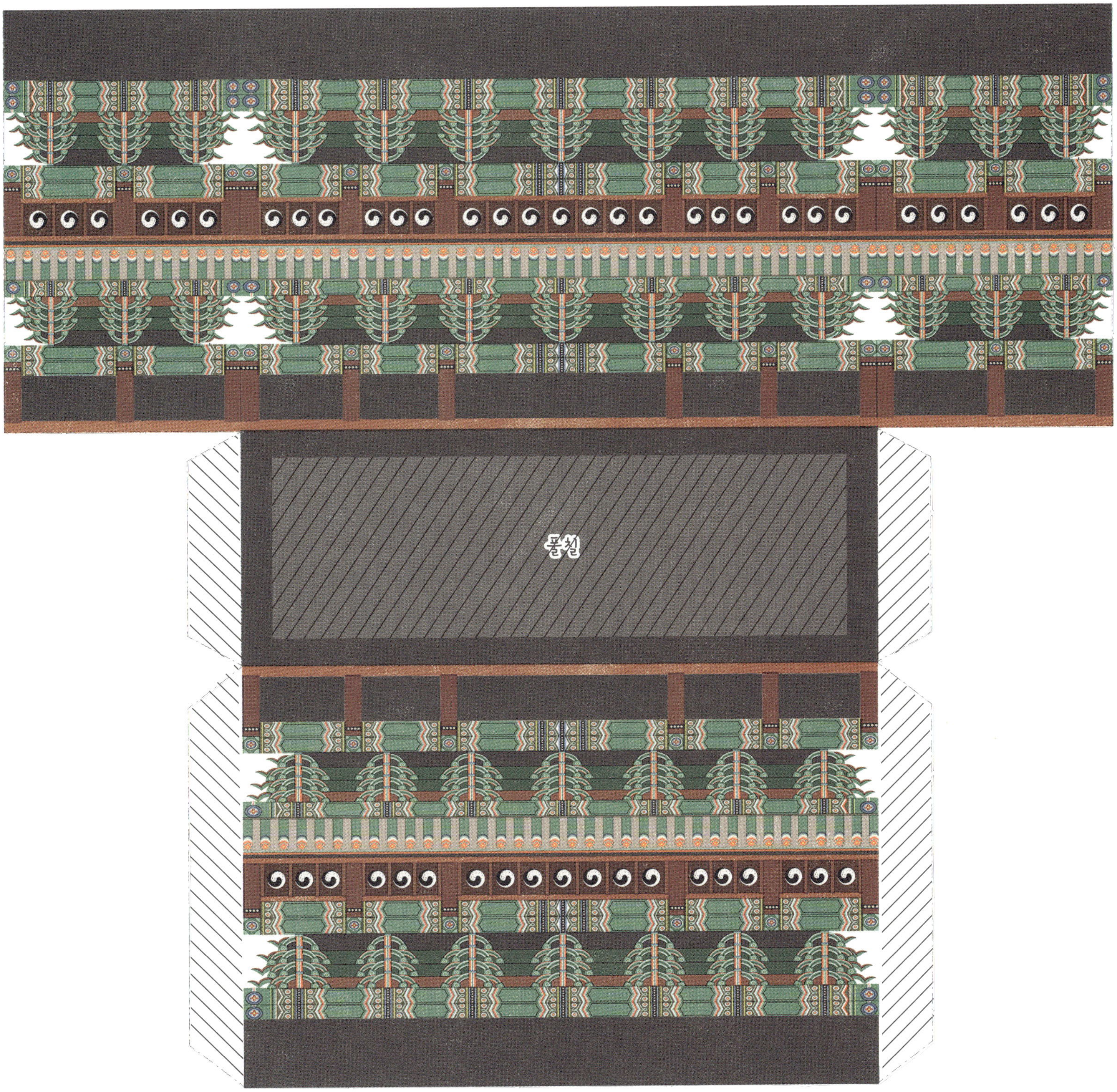

문루

현판

병사

70~71쪽 거북선을 만들어 보세요.

칼 선
떼는 선
풀 칠
끼우기

노

돛

머리

꼬리

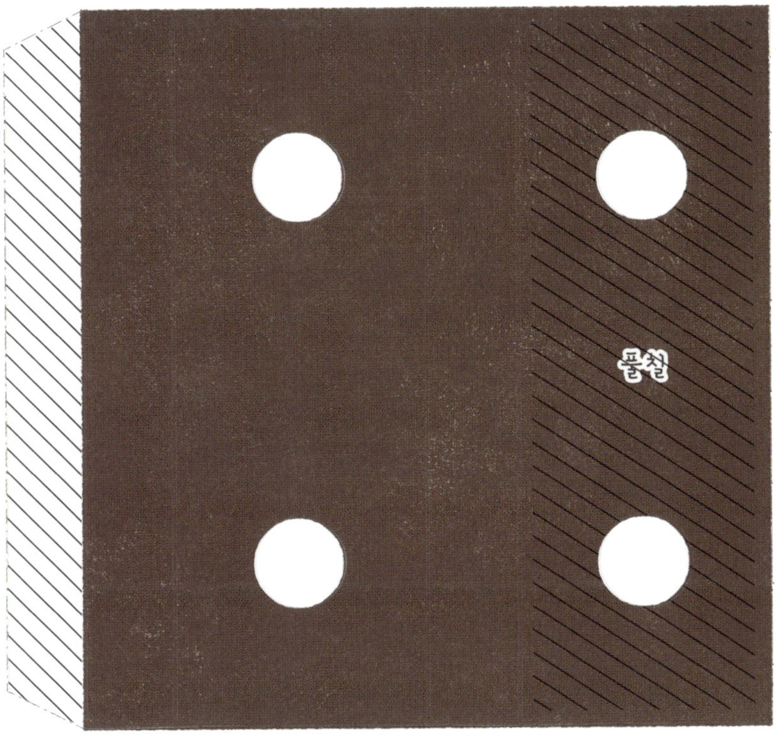

받침대

돛대

50~51쪽 종이함을 만들어 보세요.

떼는 선

풀 칠

9쪽 윷을 만들어 보세요.

윷

오리기

풀칠 면

접는 선

오리는 선

옛이야기 13쪽

윷놀이 9쪽

인형극 무대 13쪽

강강술래 17쪽

탈춤 19쪽

하회탈

애사당탈

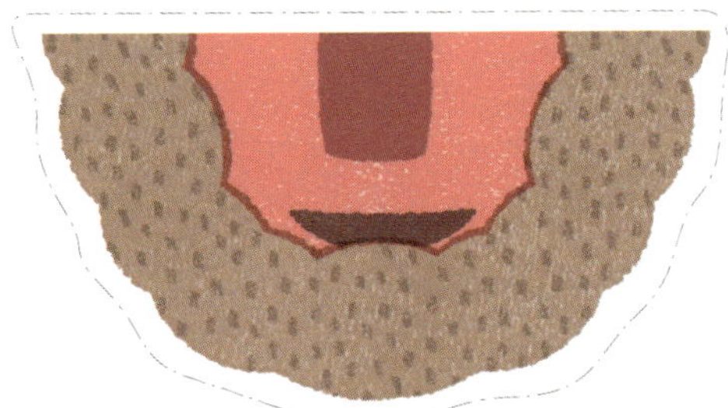

원숭이탈

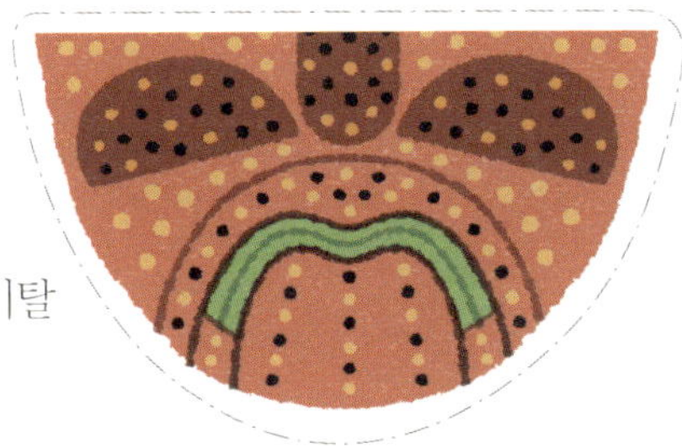

말뚝이탈

전통 문양 32쪽

물시계 65쪽

가운데 접는 선을 따라 접은 다음 사람들 뒷면을 풀로 붙여요.
양쪽 끝의 손 부분을 붙여 원을 만들고 17쪽 위에 세워요.

전통 문양 32쪽

떡살 33쪽

고려청자 37쪽

한복 42~43쪽

태사혜

당혜

까치두루마기

조바위

한복 42~43쪽

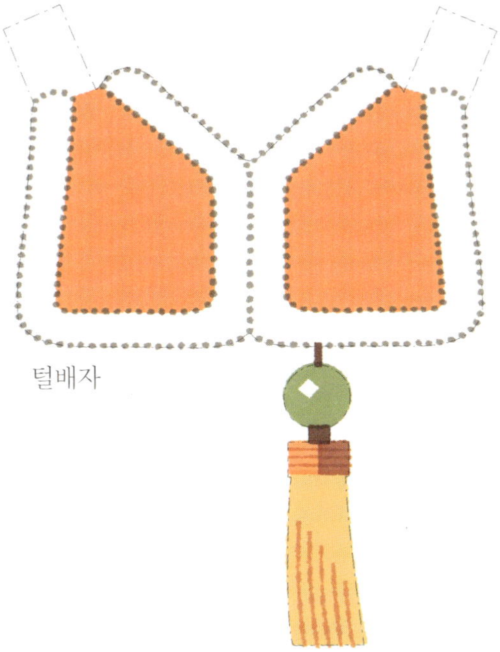

털배자

전복

첨성대 62쪽

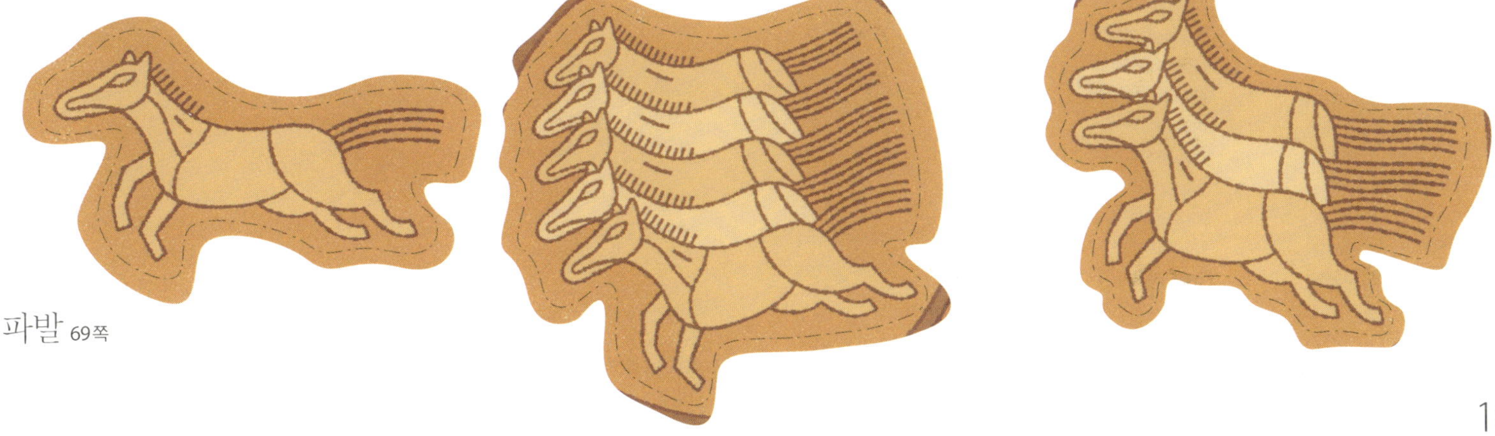

파발 69쪽

스티커

설날 8쪽
연날리기 12쪽
가오리연
방패연
다보탑 35쪽
씨름 15쪽
짚신
경회루 27쪽
진신
전통 놀이 20~21쪽
절고
해금
종묘제례악 28~29쪽
어
축
대금
아쟁

추수 40쪽

허수아비

징

전통 혼례 44~45쪽

밤

족두리

농악 41쪽

꽹과리

북

대추

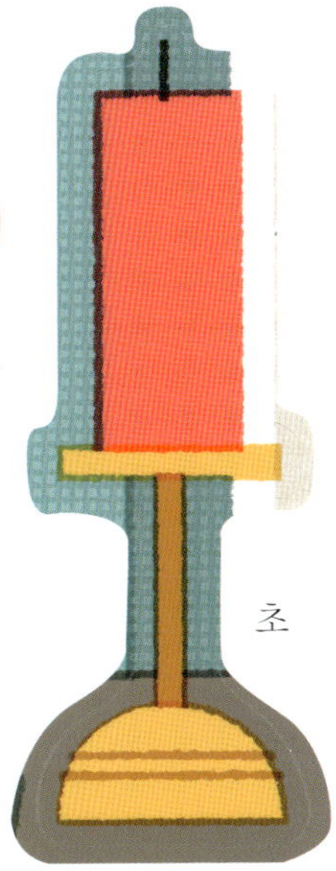

초

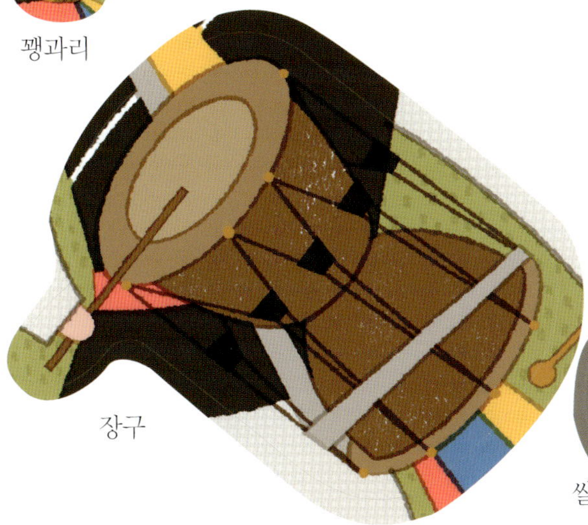

장구

쌀

사모관대

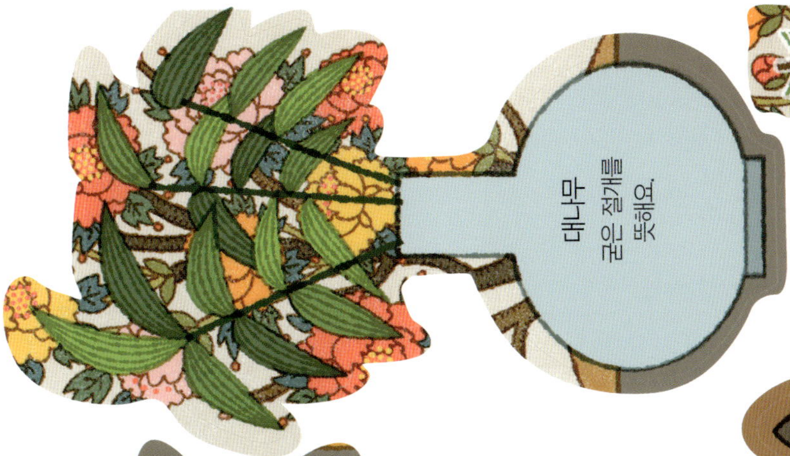

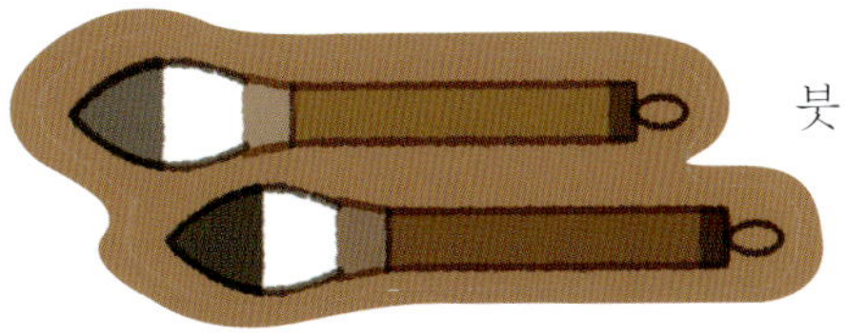

붓

서당 49쪽

종이

전통 음식 52~53쪽

수정과

먹

벼루

전통 음식 52~53쪽

구절판

비빔밥

신선로

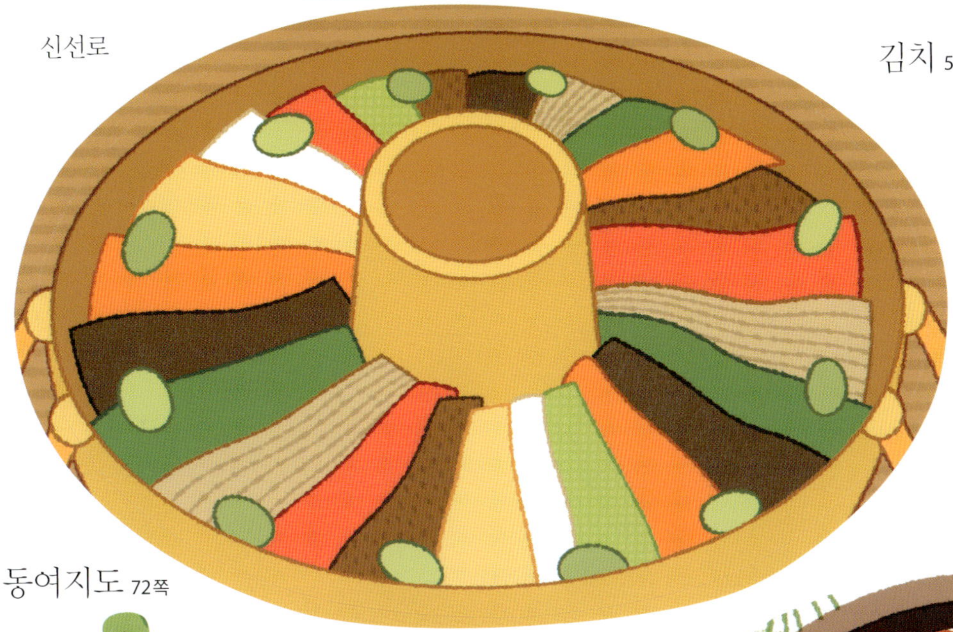

김치 54~55쪽

봉수 68쪽

동여지도 72쪽

다보탑

첨성대

숭례문

석굴암

북청 사자놀이

경회루

거북선

별자리 63쪽

대장간 66쪽

세종 대왕 46쪽

맷돌과 절구 67쪽

선비 50~51쪽

나루터 58~59쪽

해시계 64쪽